# 中川政七商店 一〇〇枚レターブック

100 Writing and Crafting Papers from
Nakagawa Masashichi Shoten

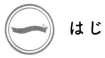 ## はじめに

本書は一枚ずつ切り離して使うことができる
100枚の紙を収録したレターブックです。

日本各地に伝わる工芸の技を活かしながら、
現代の生活に寄り添ったデザインを提案する
「中川政七商店」の各ブランドから、
選りすぐりのテキスタイルやイラストを集めました。

便せんとしてはもちろん、
切ったり貼ったりして
自分だけのステーショナリーや
オーナメント作り等にご活用ください。
大切な人への贈り物にもぴったりな一冊です。

 ## 中川政七商店について

### 創業は1716年。今年で307歳です。

中川政七商店は、奈良の地で1716(享保元)年に創業しました。以来、手績み手織りの麻織物を扱い続けています。

奈良晒と呼ばれる、上質な麻生地の起源は鎌倉時代にまでさかのぼり、南都寺院の袈裟として使われていたことが記録されています。文献に奈良晒の名が登場するのは、16世紀後半。17世紀前半には、徳川幕府から「南都改」の朱印を受け、御用品指定され、産業として栄えました。また、千利休に用いられたことから、茶巾としての需要もあったようです。

17世紀後半から18世紀前半にかけて産業はピークを迎え、生産量は40万疋(1疋 約24m)にも達したと言われています。そんな黄金期のさ中、初代中屋喜兵衛が奈良晒の商いを始めたのが、中川政七商店のはじまりです。

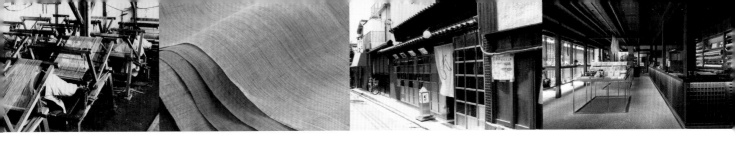

## 人の手が作るもの

例えば、麻生地を1疋織るには熟練の織り子さんで10日かかります。1疋に必要な糸は1.2kgで、その糸を績むのに24日、それ以外にも生地ができるまでに必要な作業はたくさんあり、多くの人の手と多くの時間を要します。それでも、昔からの製法で作られた生地にしかない良さがある。機械では作れない、人の手でしか作れない大切なものがある。ものづくりを通じて、私たちがお届けしたいのは、工芸に触れた瞬間に感じる「好き」や「楽しい」という気持ちです。

日本には、麻織物に限らず、たくさんの工芸品が存在します。さまざまな織物や染物、暮らしを助け、豊かにする道具たち、愛らしい郷土玩具。このレターブックを通じて、それぞれが持つ魅力をお届けできたら、これほど嬉しいことはありません。

## 日本の工芸を元気にする！

日本には古来より生活の道具を自ら作るものづくりの文化があります。土地の気候風土に育まれてきたもの。土地の素材を活かし、技術を活かし作られてきたもの。土地が違えば人も違い、人が違えばものづくりも違う。手仕事だから同じように作ってもひとつひとつ微妙に違う。大量生産が当たり前になり、どこにいても同じものがすぐに手に入る時代だからこそ、手仕事によって生み出される微妙な「違い」が心に安らぎをもたらすのかもしれません。

人が作るものには物語があります。土地に古くから伝承する物語。日々生み出されるものづくりに込めた想い。ものの背景にある物語を知ることで愛着が湧きます。しかし今、日本の工芸は総じて厳しい状況にあります。日本だけではなく世界中でものづくりの文化が失われています。中川政七商店はものづくりの物語を紡ぎ、伝えていくことで、日本の工芸産地が100年先も生き残ることを目指しています。

十三代　中川 政七

# 中川政七商店の
# ブランド

日本全国、その土地ごとに受け継がれてきた
職人の技や想い、暮らしの知恵が息づく
雑貨の数々を取りそろえる各ブランドを紹介します。

## 中川政七商店

### 暮らしの道具

老舗ならではの温故知新の想いを根底に、品質やこだわりを大切にし、家・生活に根ざした機能的で美しい「暮らしの道具」の数々を取りそろえています。使い続けることで愛着あるものに育つということも大切にしています。

## 遊 中川

### 日本の布ぬの

日本の文化は、古い文化に新しいものを取り入れ培われてきました。遊 中川もその気性を持ち、「日本の布ぬの」をコンセプトに日本に古くから伝わる素材・技術・意匠と今の感覚をあわせたテキスタイルを提案しています。

## 日本市

### 日本の土産もの

「日本の土産もの」をコンセプトに、全国津々浦々、土地土地で産まれた工芸やモチーフにこだわったモノ作りでお土産業界の地産地消モデルの確立を目指すブランドです。

## 2&9 （にときゅー）

### リピートしたくなるくつした

くつしたはみんなが毎日はくもの。たくさん歩く足を支え、やさしく足を包むものです。2&9は奈良の靴下工場とじっくり膝をつきあわせて作ったくつしたのファクトリーブランドです。

## motta

### 肩ひじはらないハンカチ

十代目の中川政七が1925年のパリ万博に麻のハンカチーフを出展してから80余年の時を経て、2013年にデビューしたハンカチブランドmotta。使いやすさと可愛さを兼ね備えた、さまざまな生地感が魅力です。

## 花園樹斎 （かえんじゅさい）

### "お持ち帰り"したい、日本の園芸

目利きのプラントハンター西畠清順が見出す極上の植物と、中川政七商店のプロデュースする工芸が出会い、日本の園芸文化の楽しさを再構築するブランド。思わずそのまま「お持ち帰り」したくなるような植物です。

# 100枚レターブックの
# 楽しみ方

本書は100柄の紙を100枚集めた

レターブックです。

「切る・貼る・贈る・飾る」といった

シンプルな方法でさまざまな用途に

ご利用いただけます。


オリジナルアイテムや、

ちょっとした贈り物を

気軽に作ってみませんか。

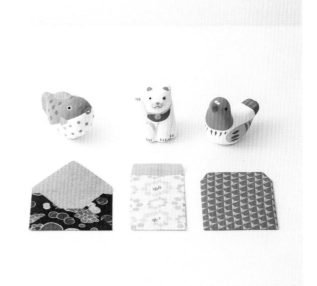

## 「めでた玩具」とぽち袋

暮らしになじむ新しい縁起ものと、ぽち袋。
ぽち袋は裏面の柄を考えながら作ると楽しいです。

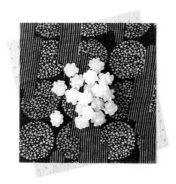

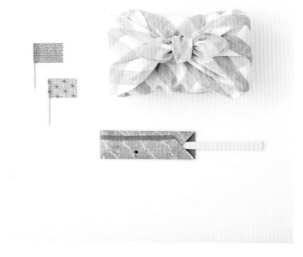

## 小菓子をおすそ分け

やさしい日本の味がする愛らしい形の金平糖。
紙を小さくカットして使用すると、小分けするときに便利。

## 楽しいお弁当の時間

そのままだと素っ気ない割りばしやつまようじを、
すこしのアイデアでかわいらしいアイテムに。

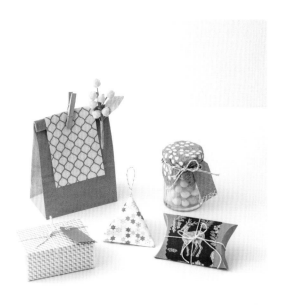

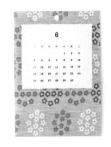

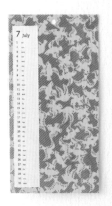

## かわいいラッピング

ちょっとした贈り物を贈るときや、相手に感謝の気持ちを
伝えるために、自由な発想でパッケージ。

## カレンダーをカスタマイズ

シンプルなカレンダーをパソコンや手描きで作成し、
紙に貼るだけでオリジナルカレンダーの出来上がり。

# 中川政七商店 100枚レターブック
## 100 Writing and Crafting Papers from Nakagawa Masashichi Shoten

2017年7月18日　初版第1刷発行
2023年2月7日　　　第3刷発行

編著　中川政七商店
アートディレクション　岡本 健
デザイン　山中 港（岡本健デザイン事務所）
写真　木村文平（P5, P6, P7, P103, P123, P163）
翻訳　木下マリアン
作例制作　能城成美（PIE Graphics）
編集　及川さえ子

発行人　三芳寛要

発行元　株式会社パイ インターナショナル
〒170-0005 東京都豊島区南大塚 2-32-4
TEL: 03-3944-3981
FAX: 03-5395-4830
sales@pie.co.jp

PIE International Inc.
2-32-4 Minami-Otsuka, Toshima-ku,
Tokyo 170-0005 JAPAN
sales@pie.co.jp

印刷・製本　株式会社東京印書館

株式会社中川政七商店（なかがわまさしちしょうてん）

奈良の地で1716（享保元）年に創業。以来、手績み手織りの麻織物を扱い続けている。近年は工芸をベースにしたSPA業態を確立し、全国に直営店を展開。日本全国、その土地ごとに受け継がれてきた職人の技や想い、暮らしの知恵が息づく生活雑貨を数多く生み出している。おもなブランドに「遊 中川」「中川政七商店」「日本市」など。

Nakagawa Masashichi Shoten, Co., Ltd.

Founded in 1716 in historic Nara, Nakagawa Masashichi Shoten has been handling hand-spun, hand-woven hemp fabric ever since. The company is now expanding as a specialty store retailer of private label apparel (SPA), opening shops across Japan. Actively supporting the skills and passions of artisans in each locale, the company offers "new tools for living" based on Japanese wisdom and traditions passed on through the ages. Primary brands include *Yu Nakagawa, Nakagawa Masashichi Shoten*, and *Nipponichi*.

〈使用上の注意〉
製本には十分配慮しておりますが、紙を剥がしやすくする仕様上、繰り返し開閉することで、本体から紙が剥がれる場合がございます。
使用する筆記具によっては、インクがにじむ場合がございます。

〈掲載されている生地について〉
本書は印刷物のため、生地の実物とは多少色が異なります。
また、制作の都合上、生地の柄を 拡大・縮小している場合がございます。
掲載している生地や商品の一部は現在、取り扱っていないものがございます。
あらかじめご了承ください。

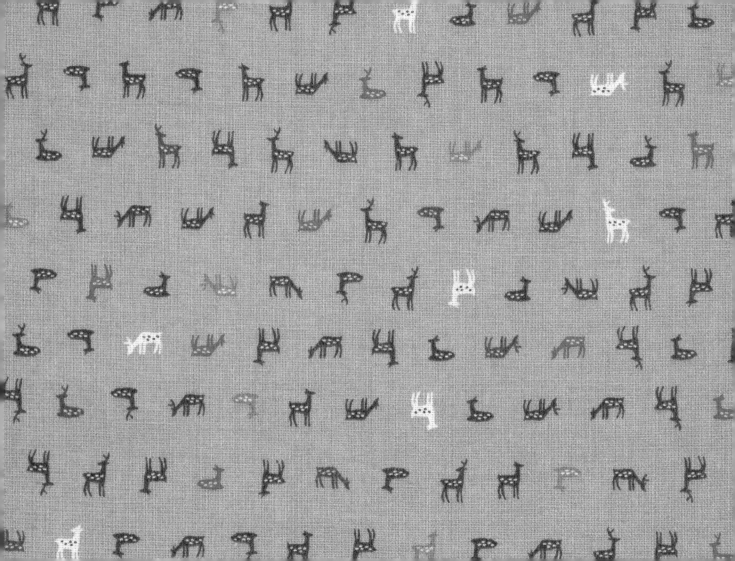

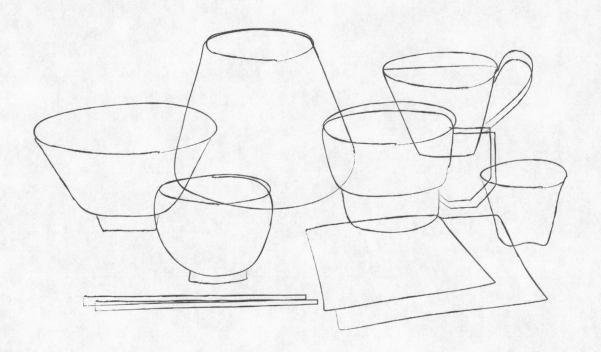

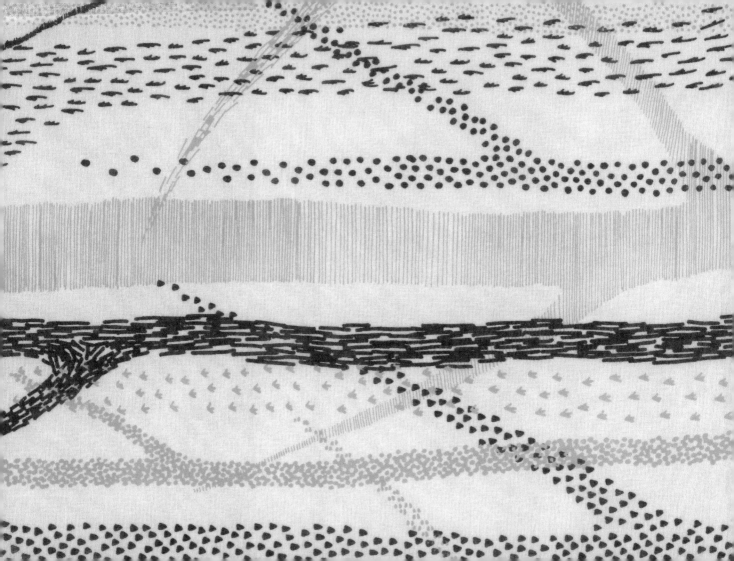

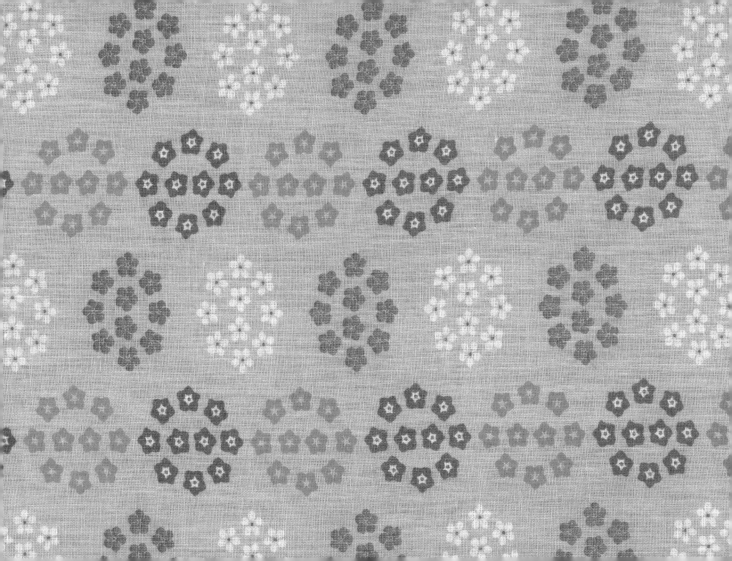

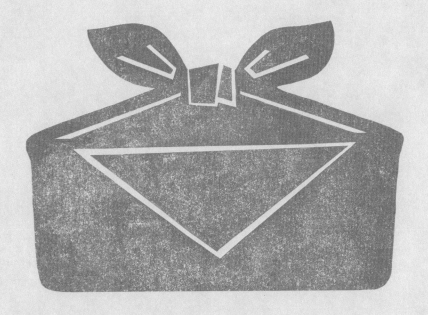

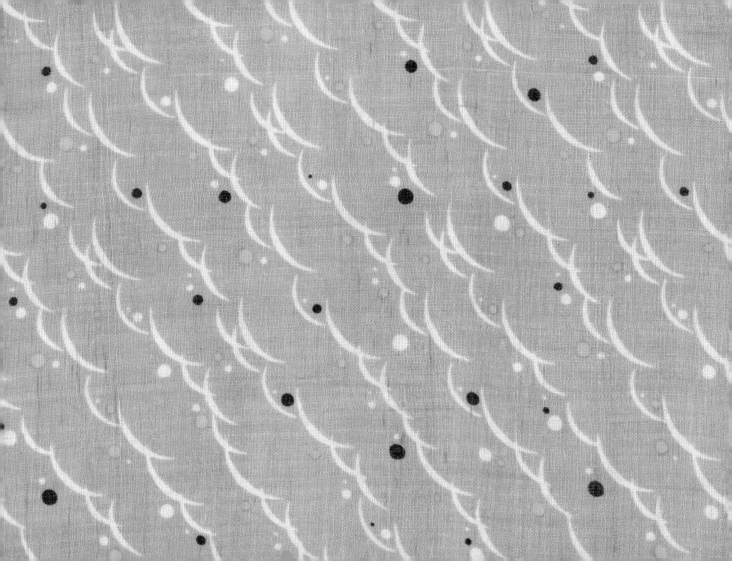

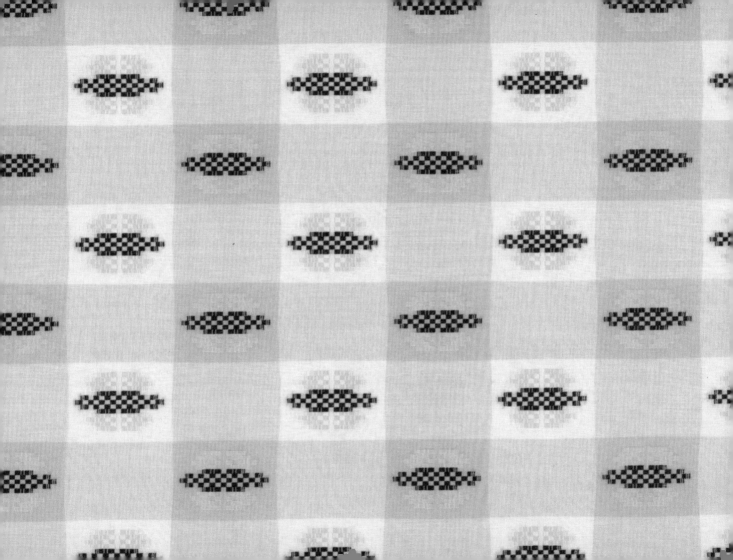

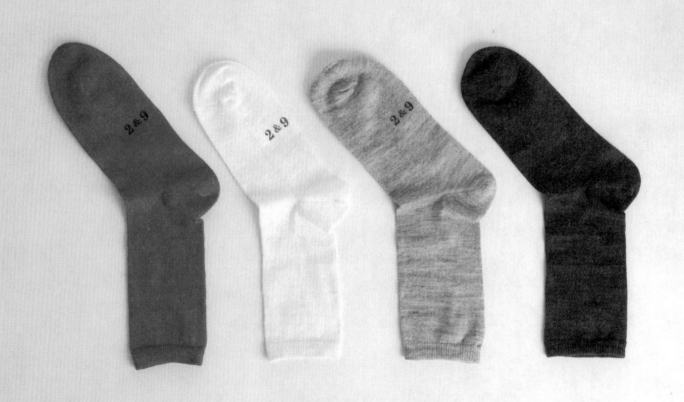

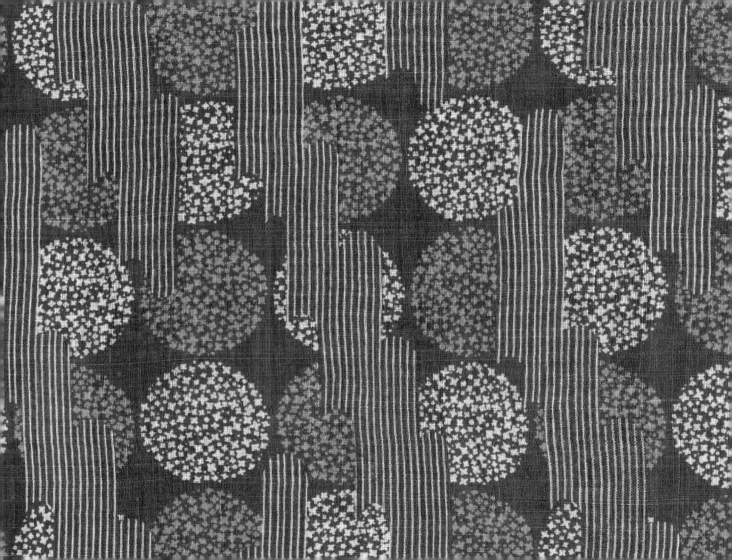

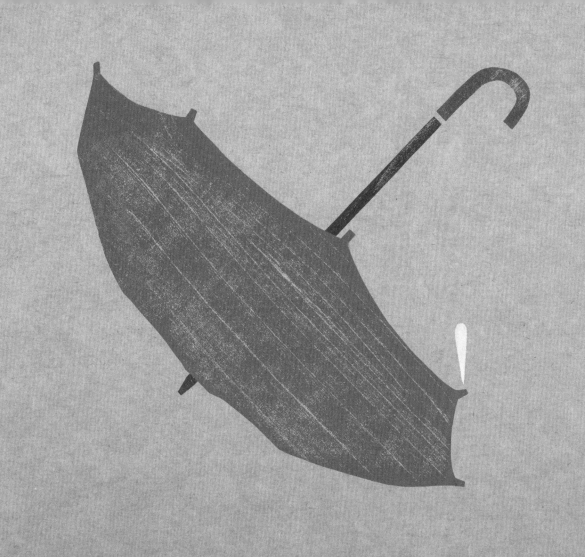

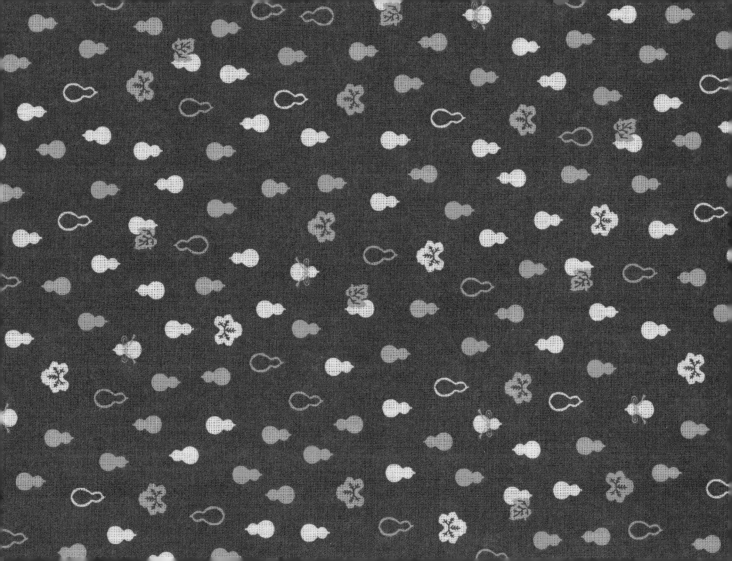

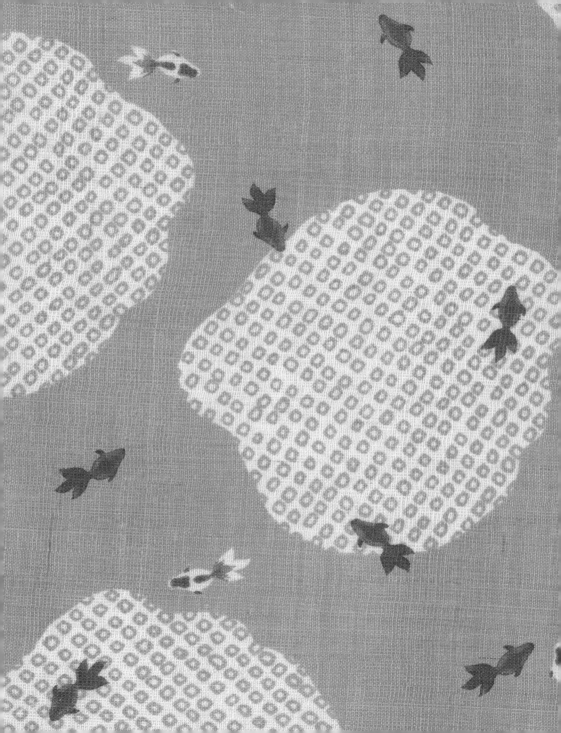

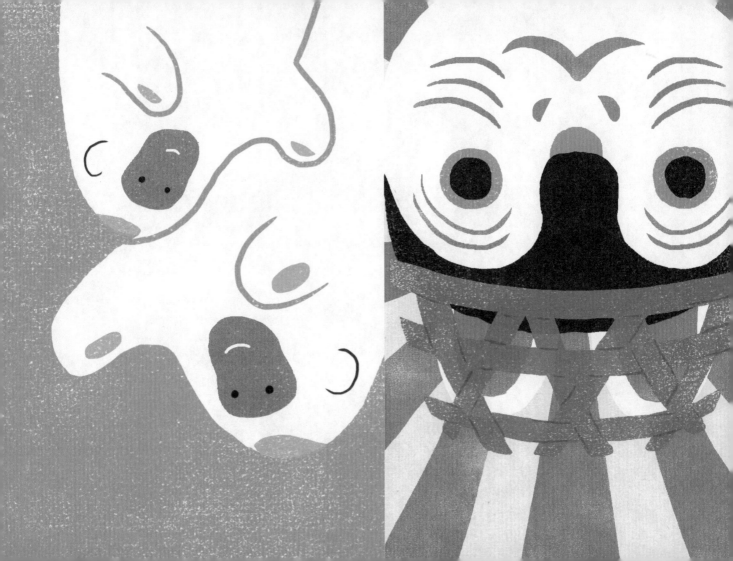

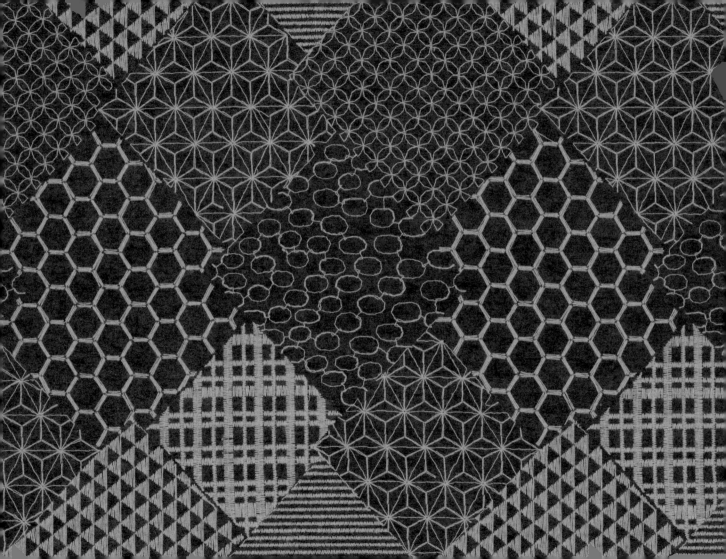

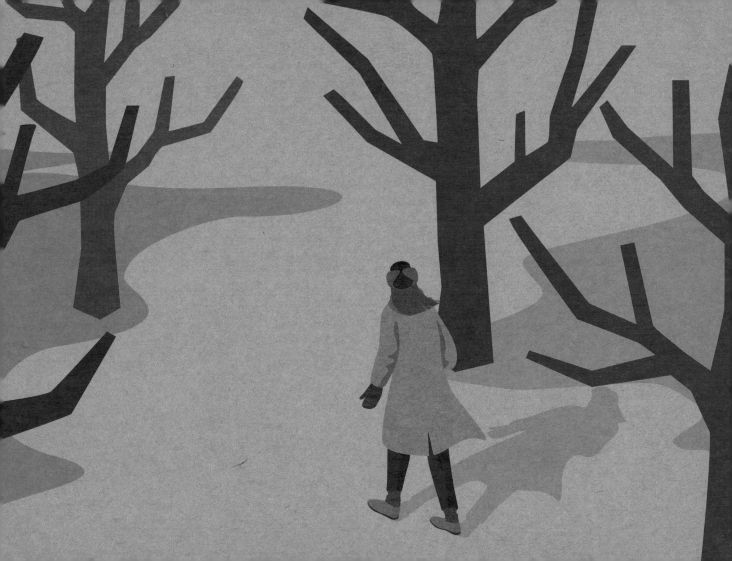

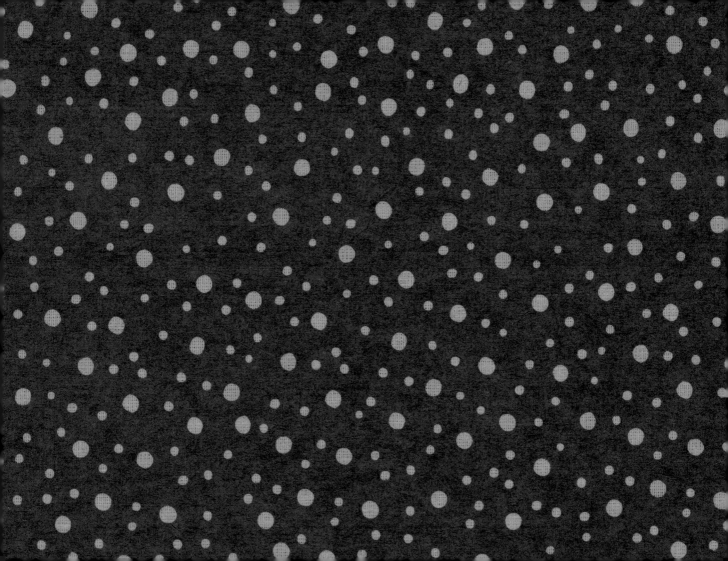

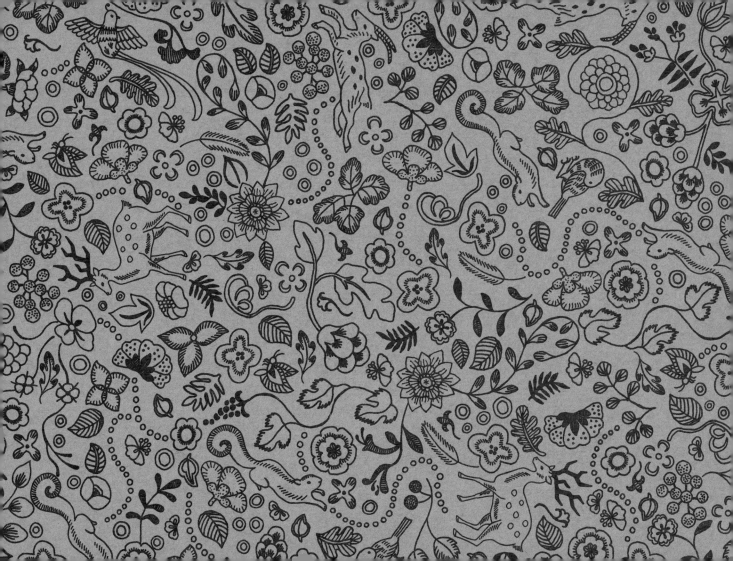

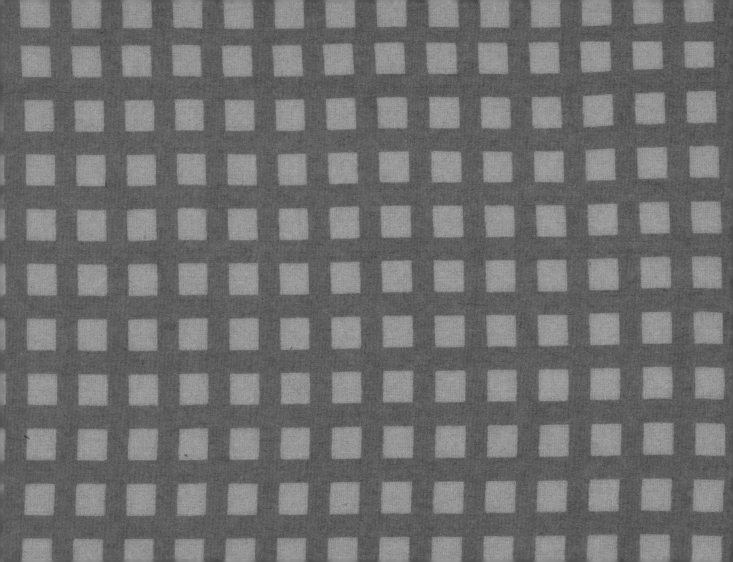

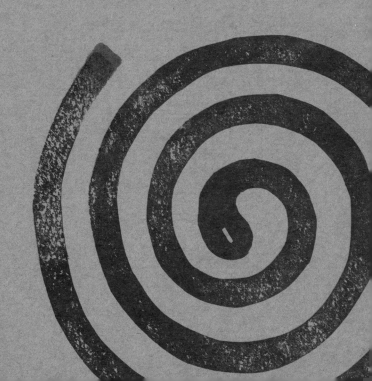

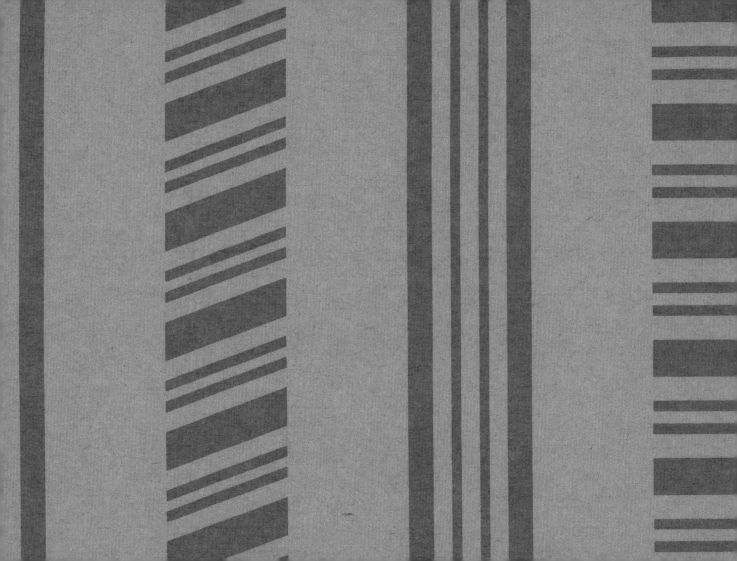

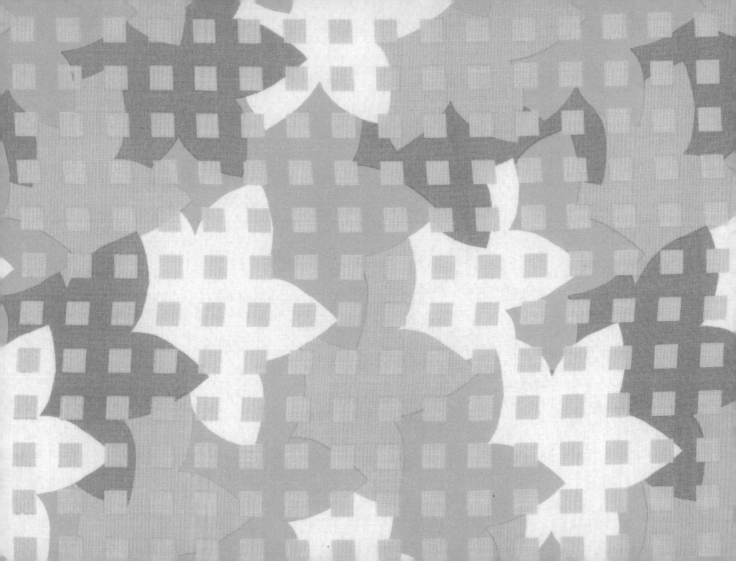

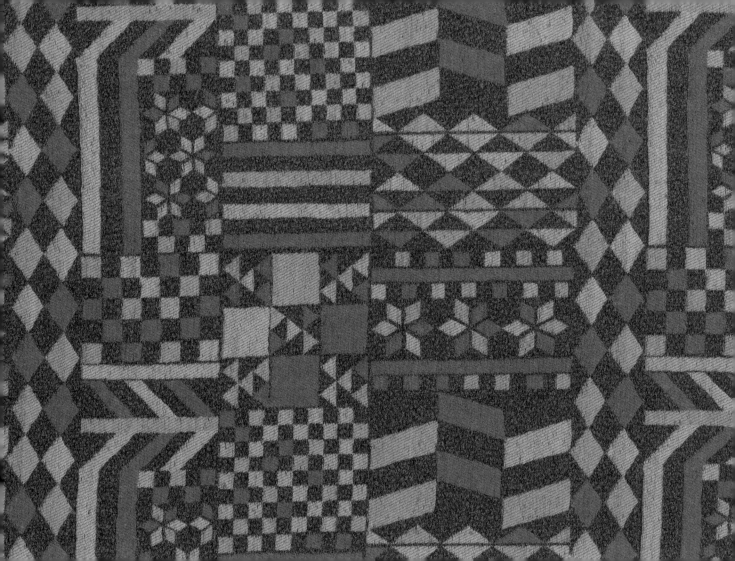

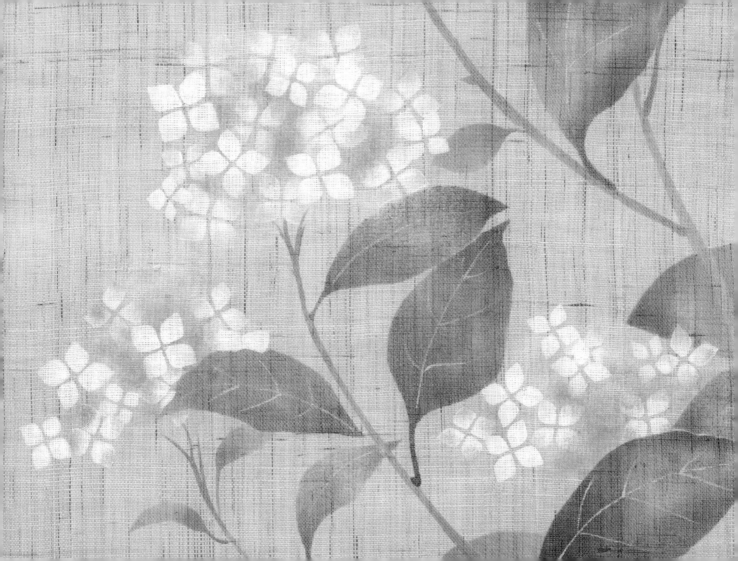

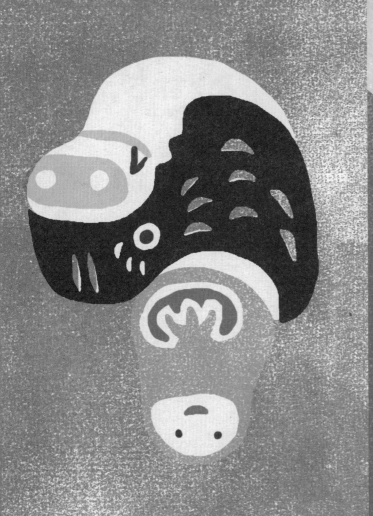
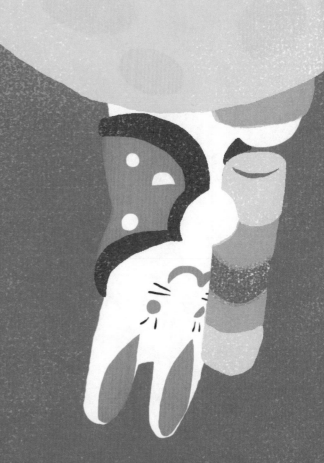

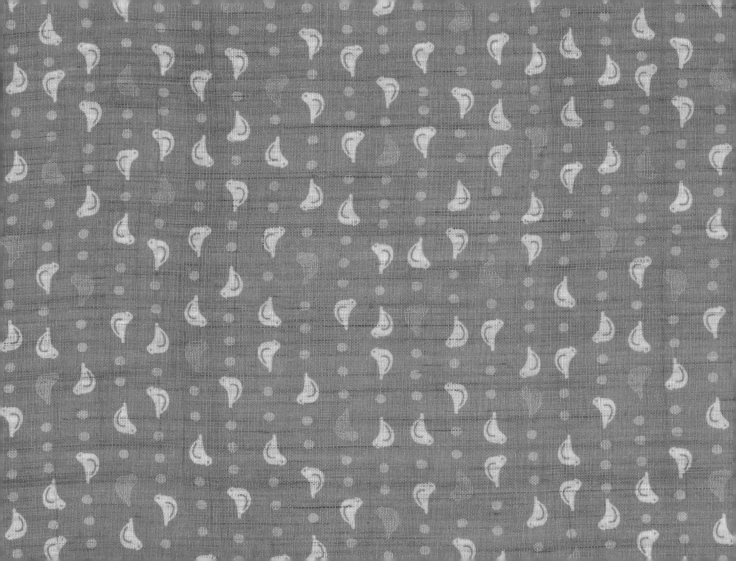

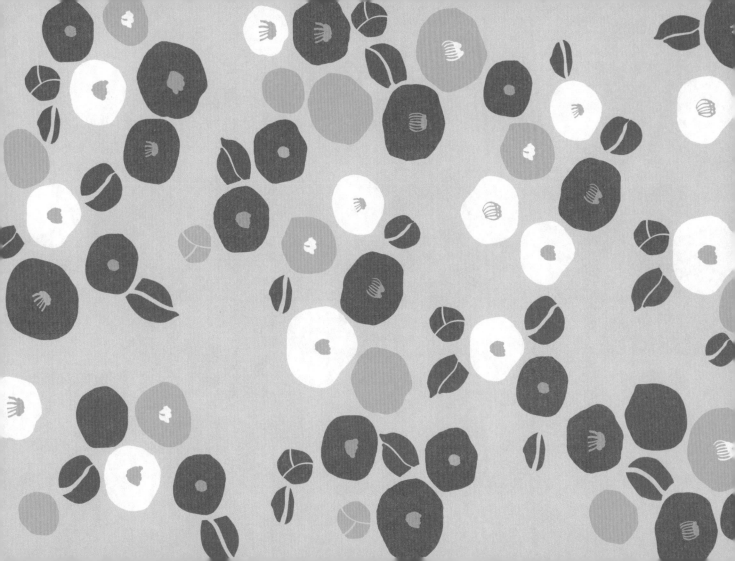

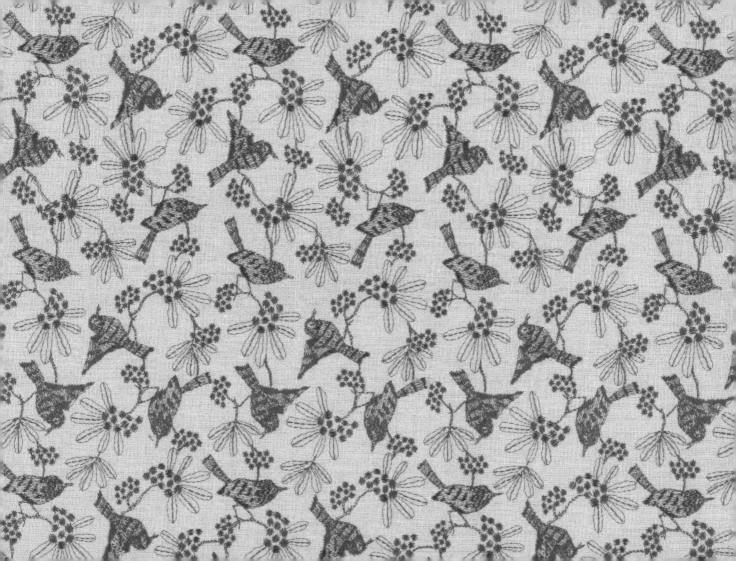

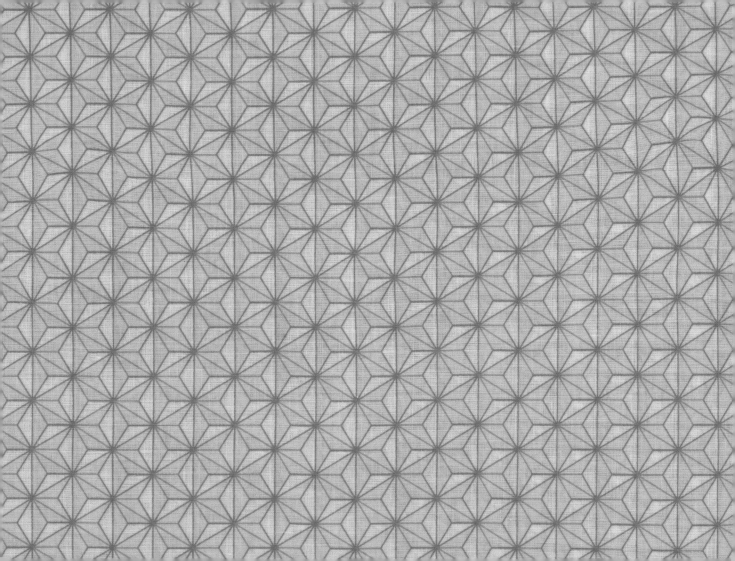

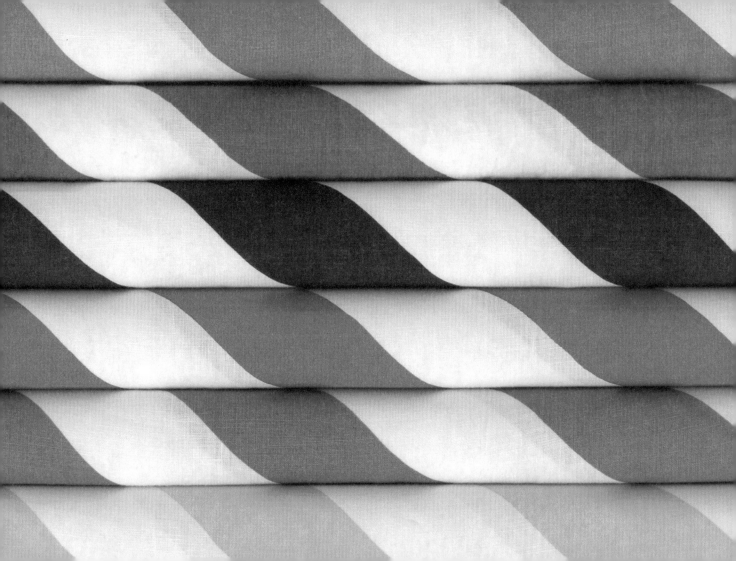

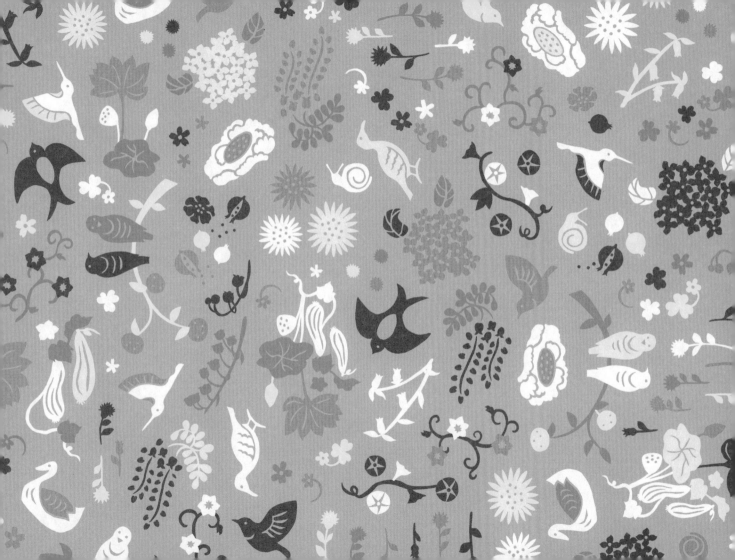

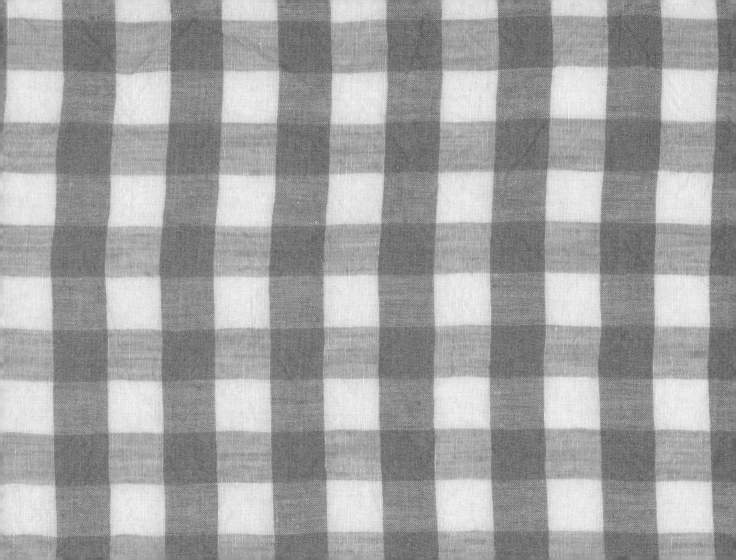

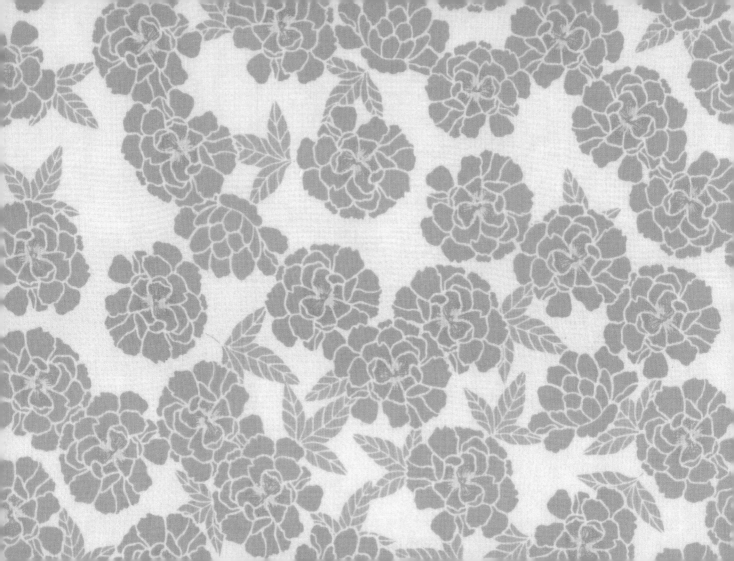

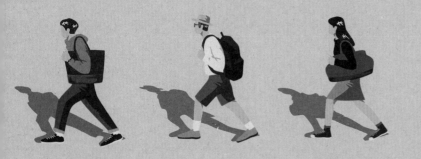

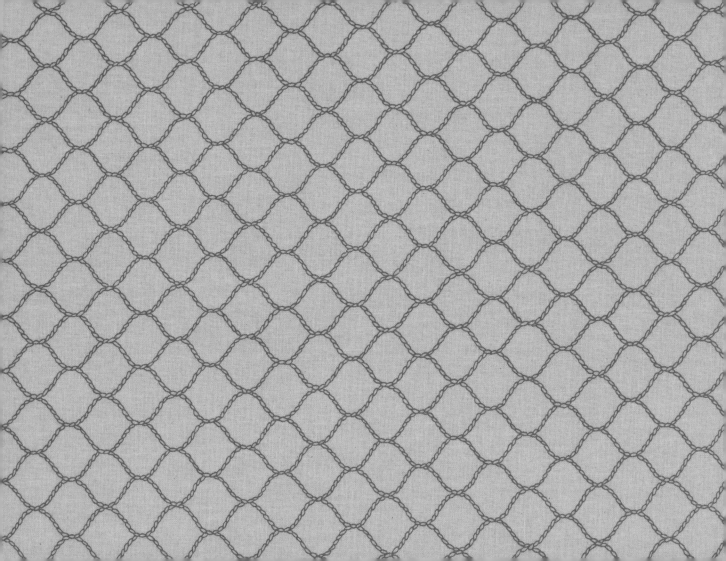

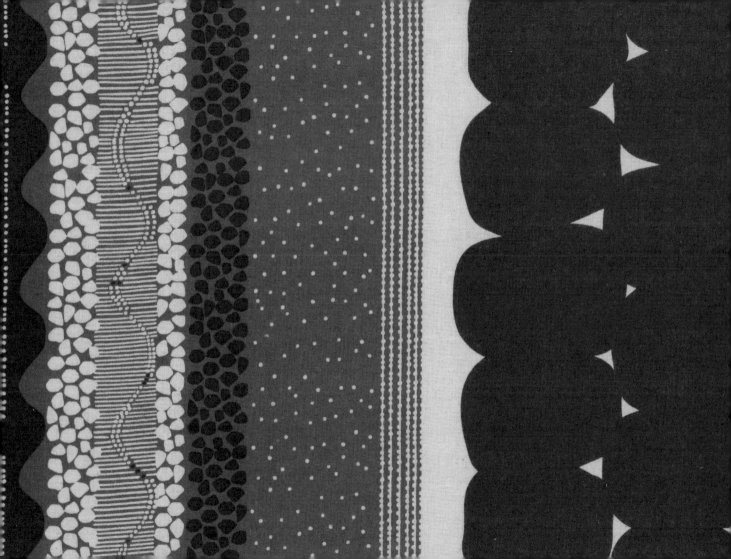

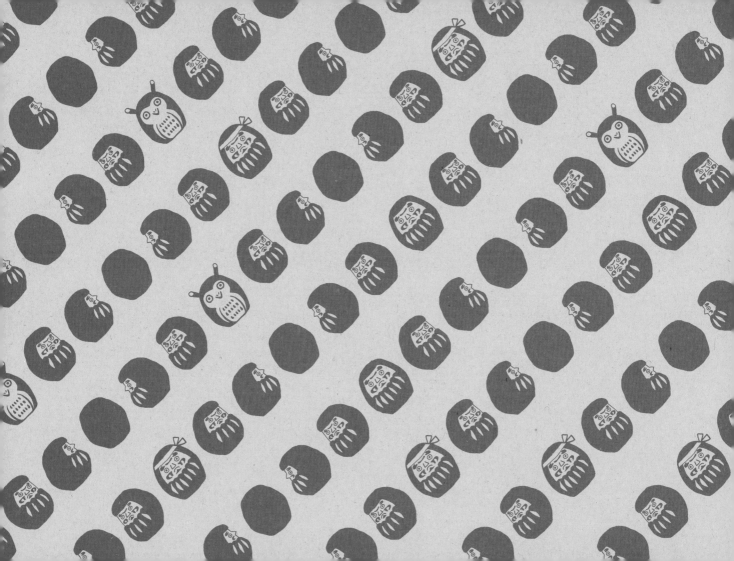

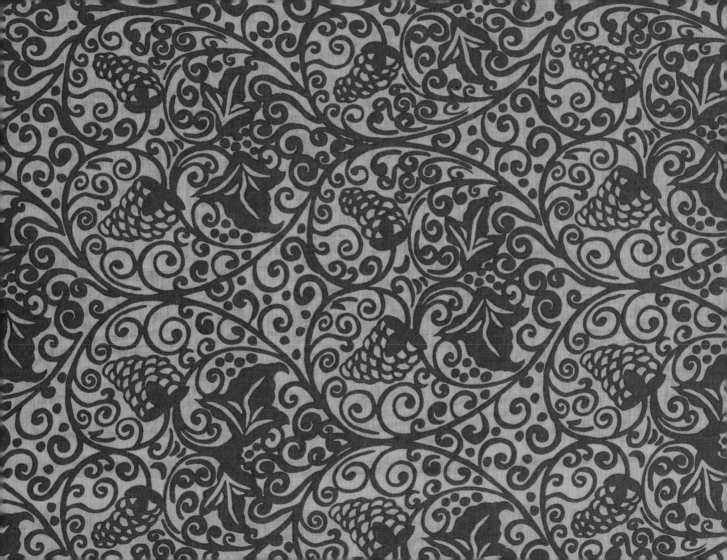

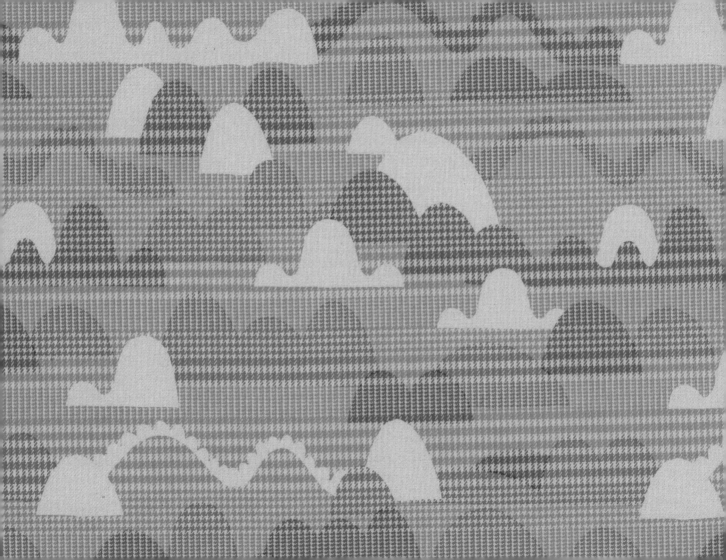

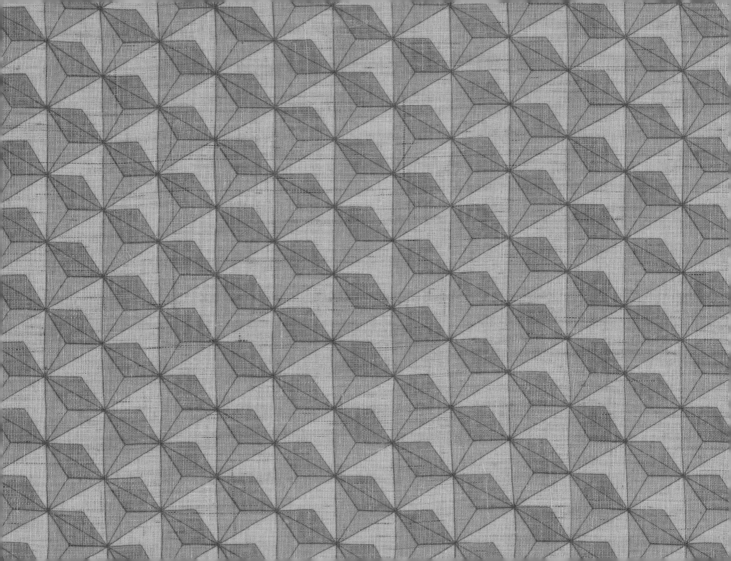

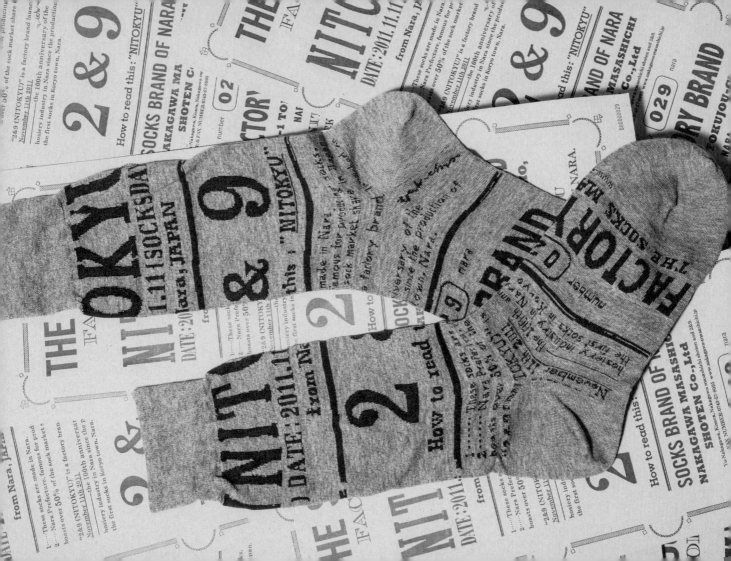

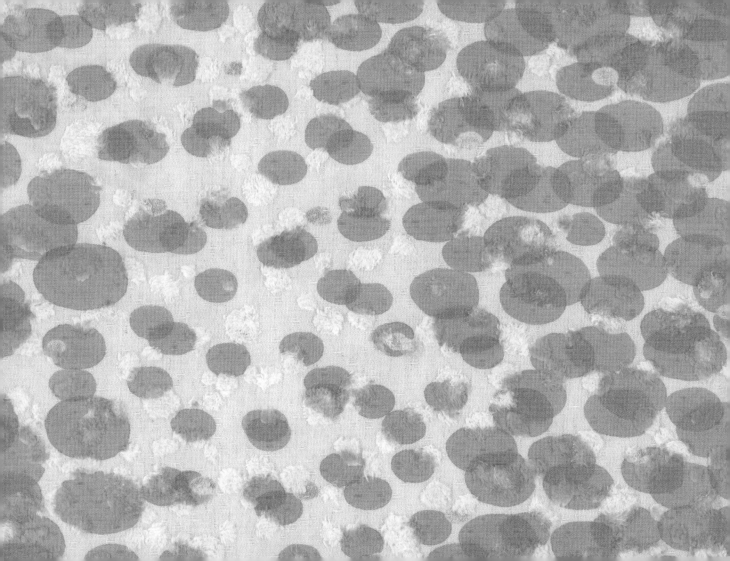

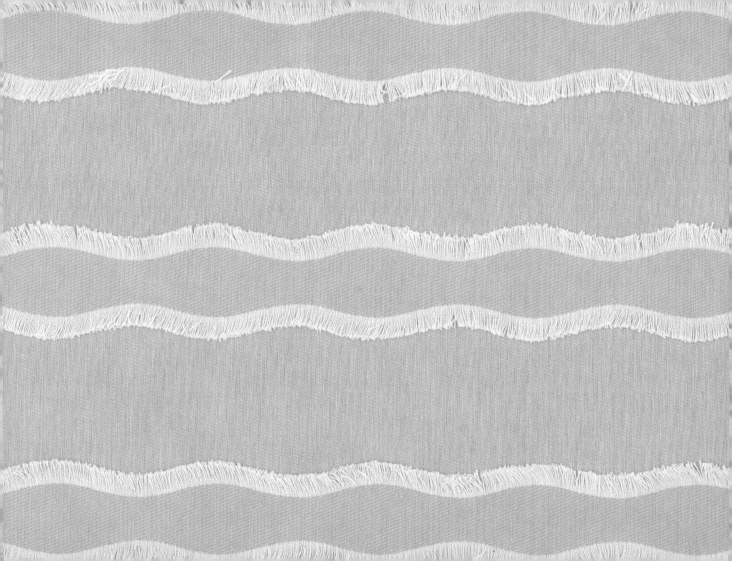

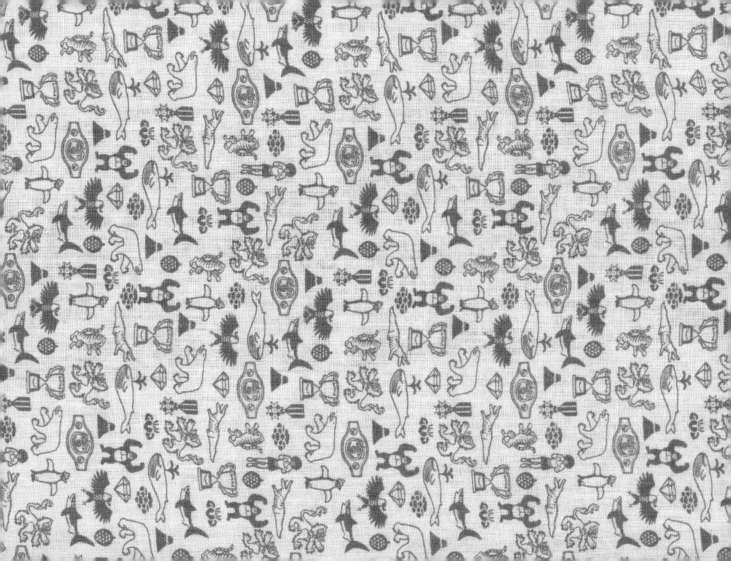

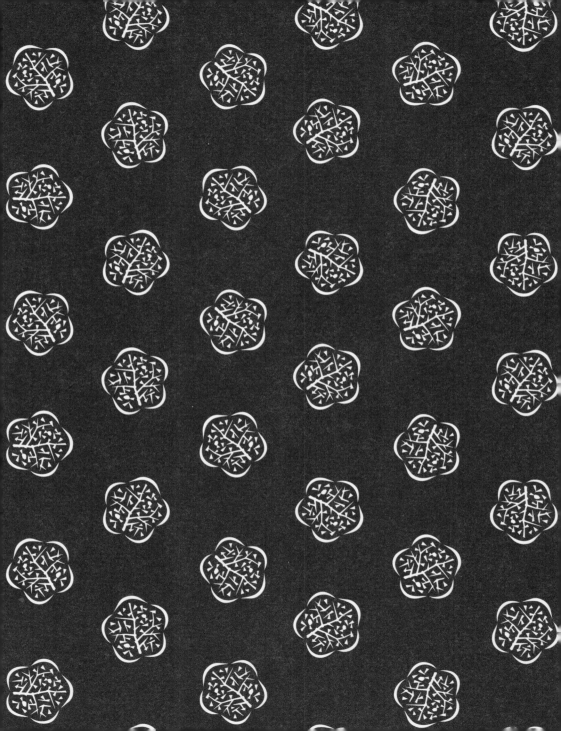

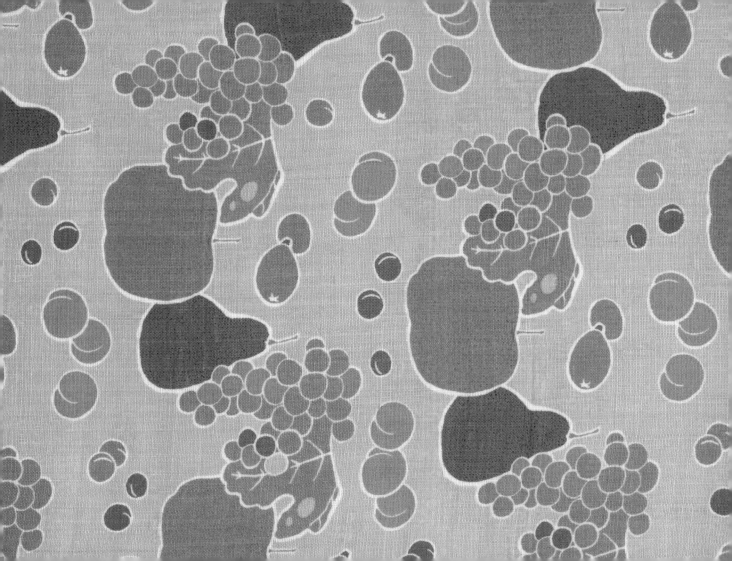

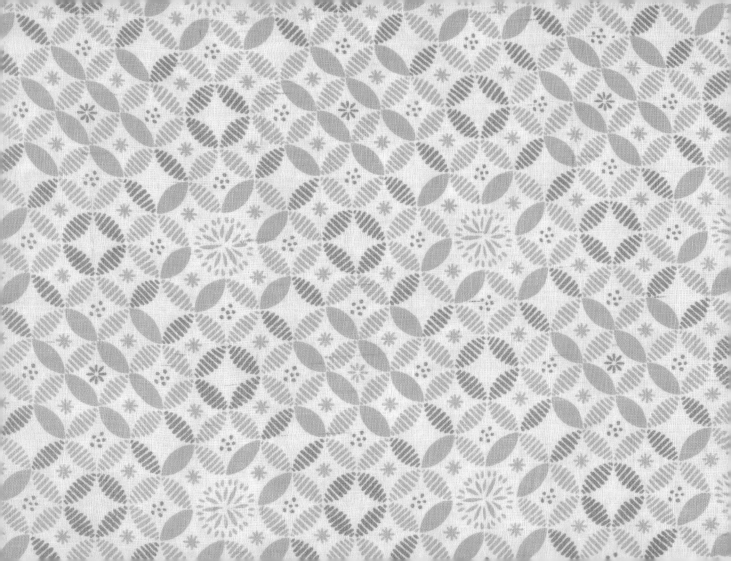

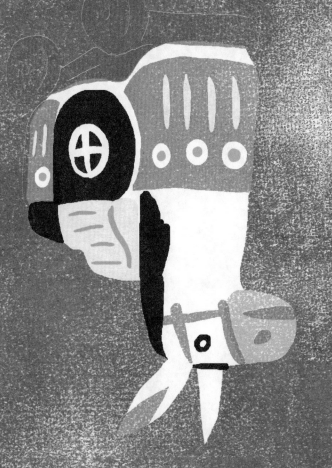
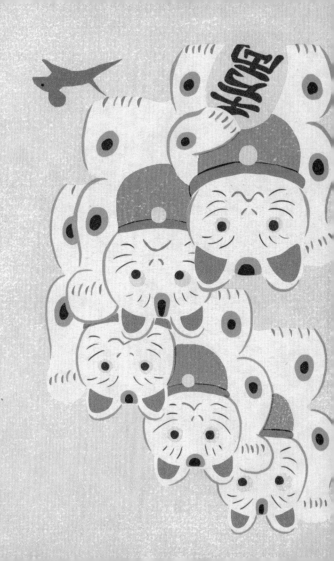

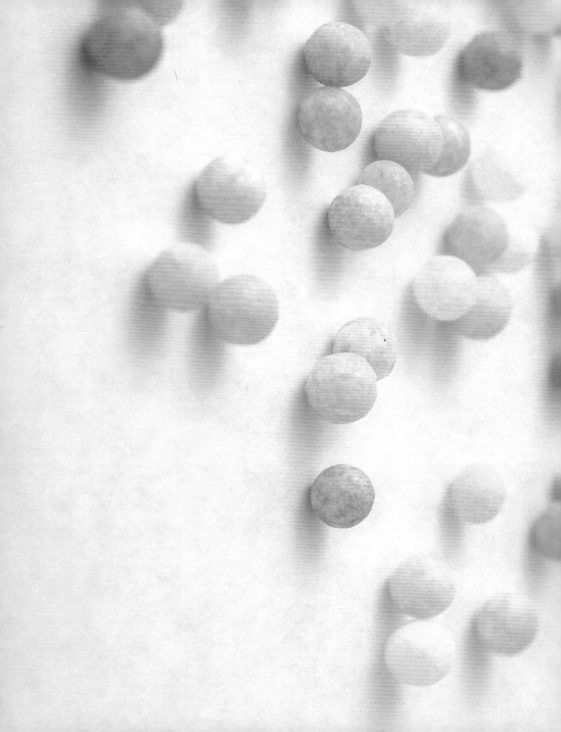

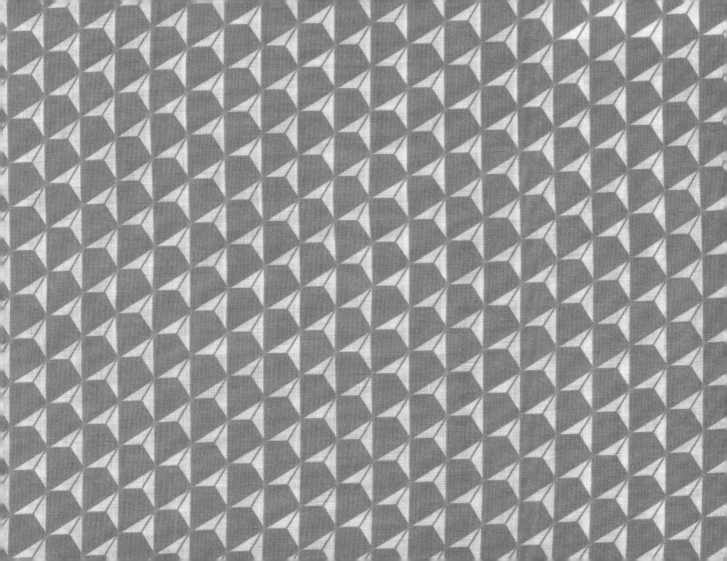

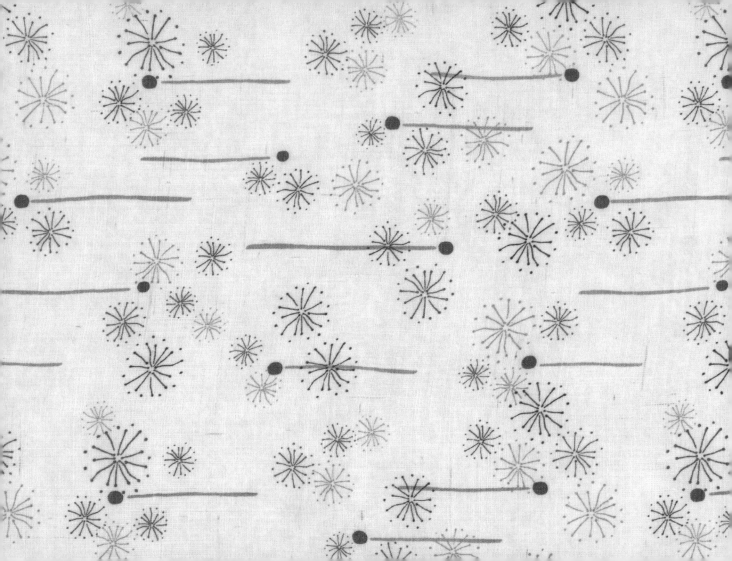

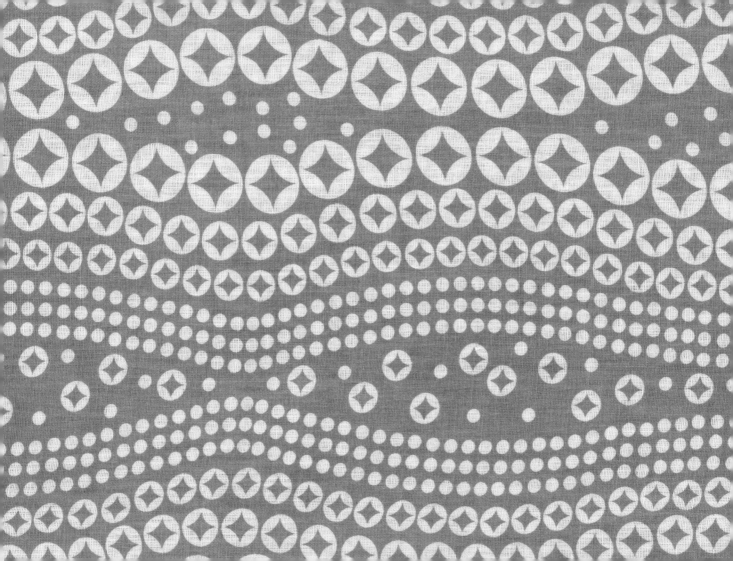

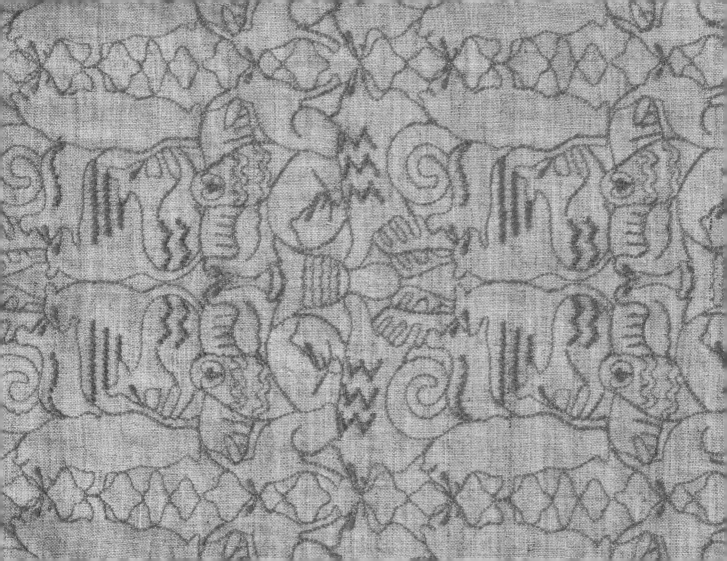

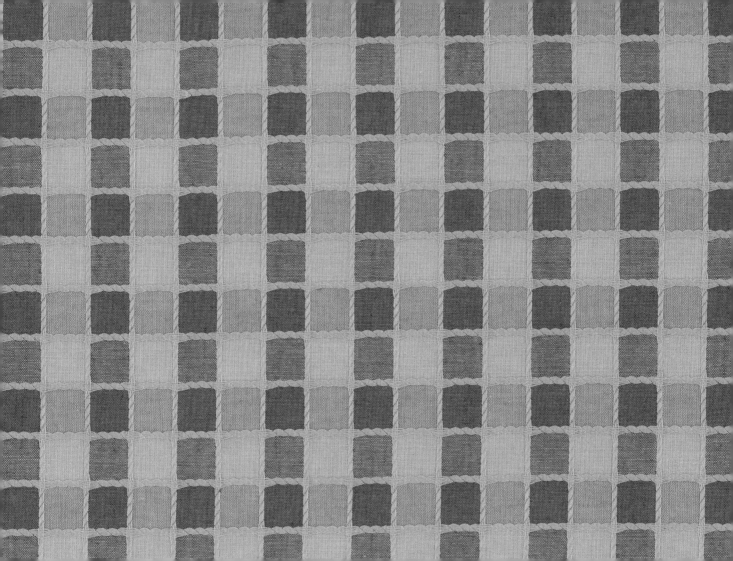

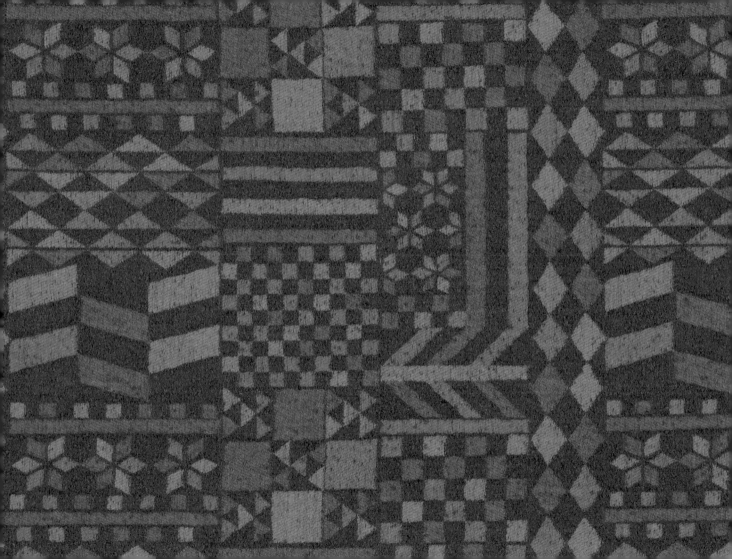

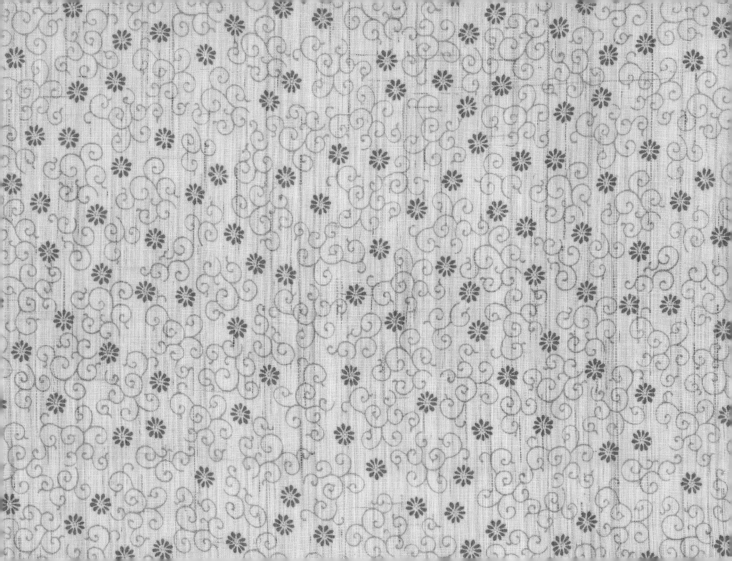

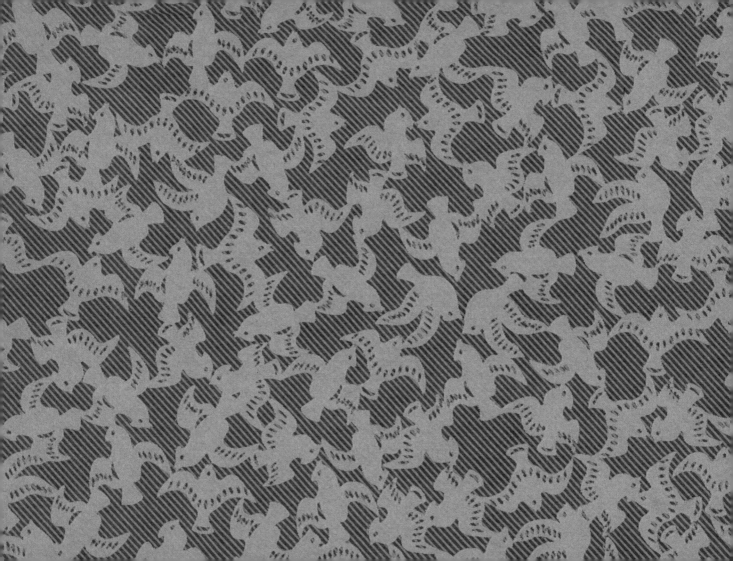

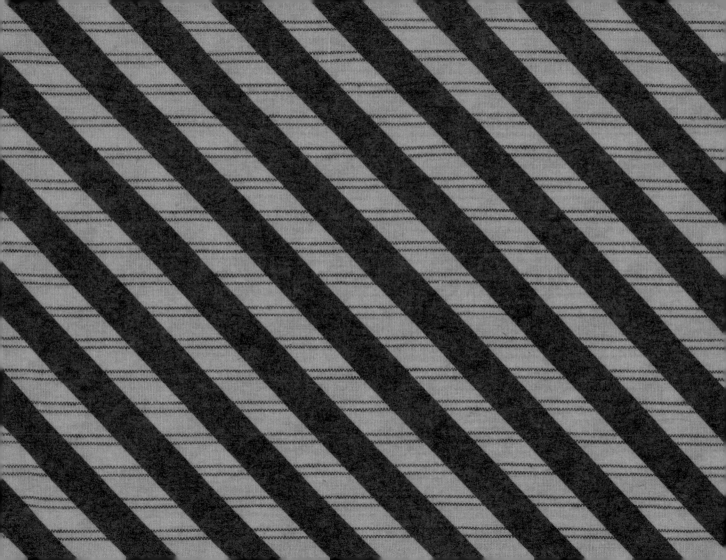

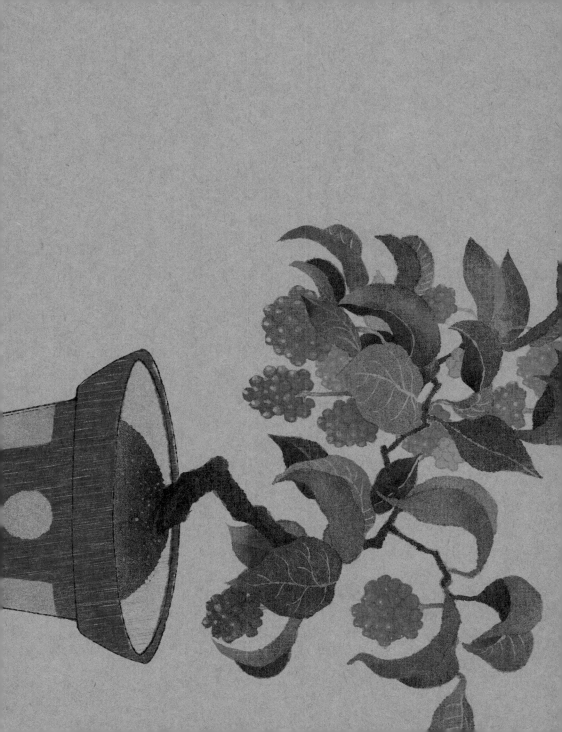

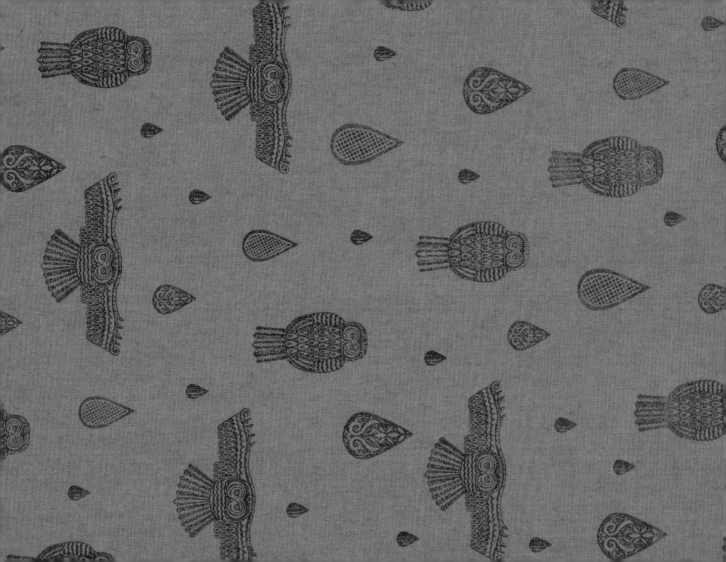

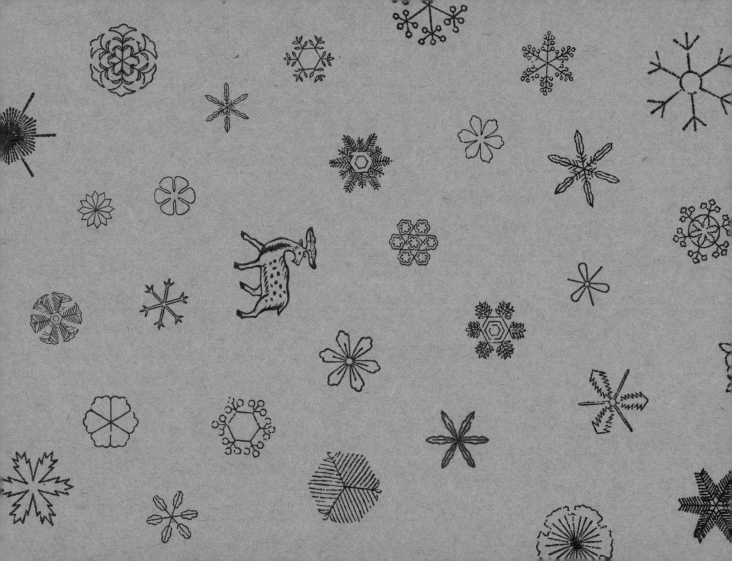

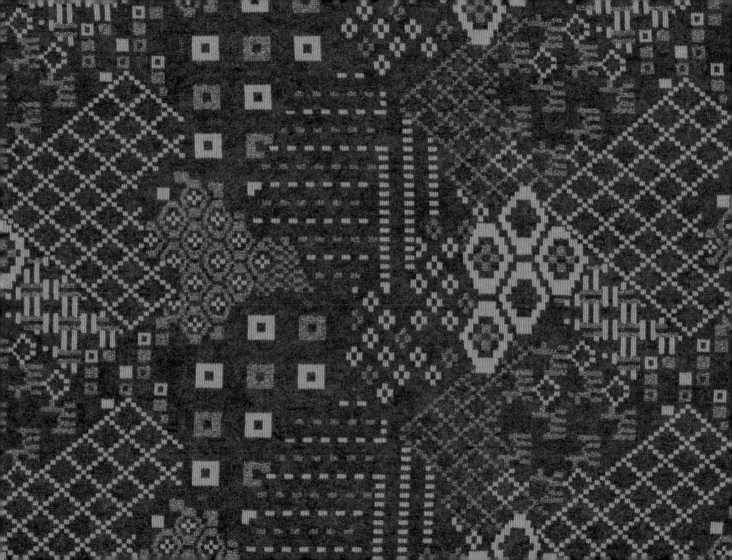

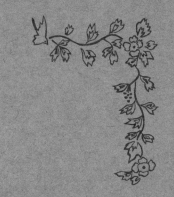

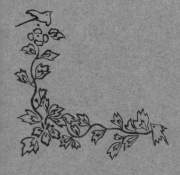

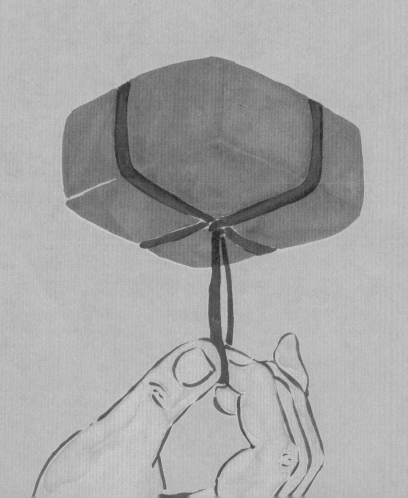

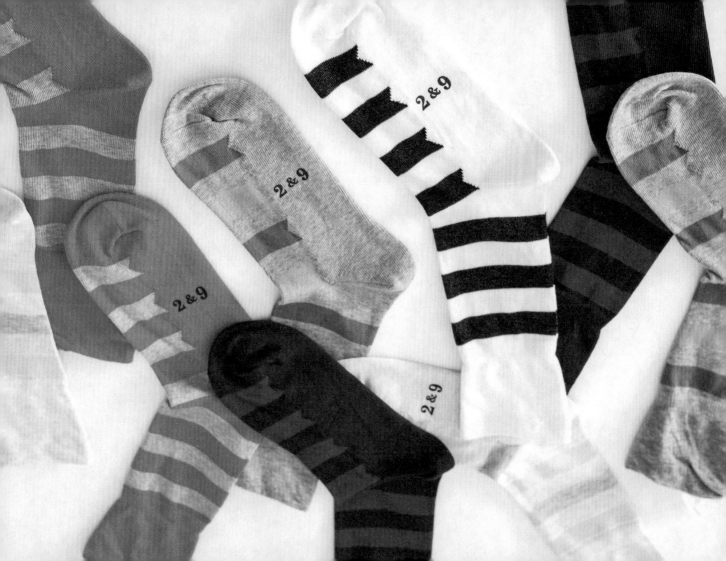

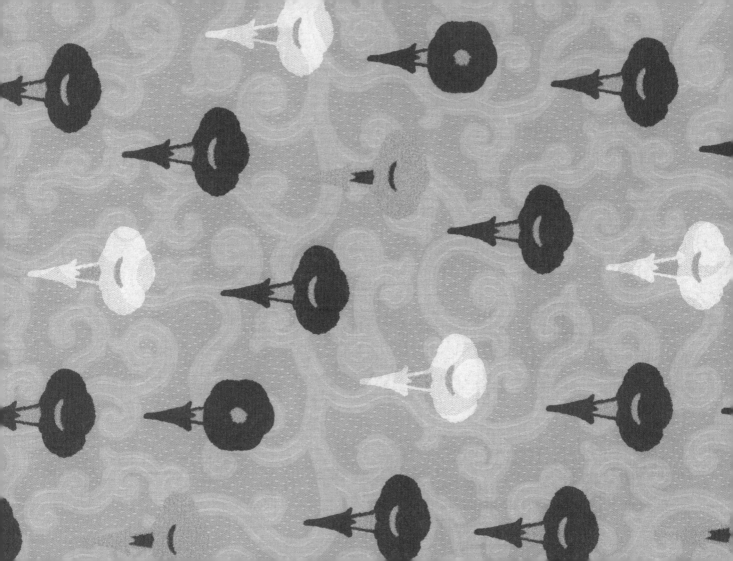

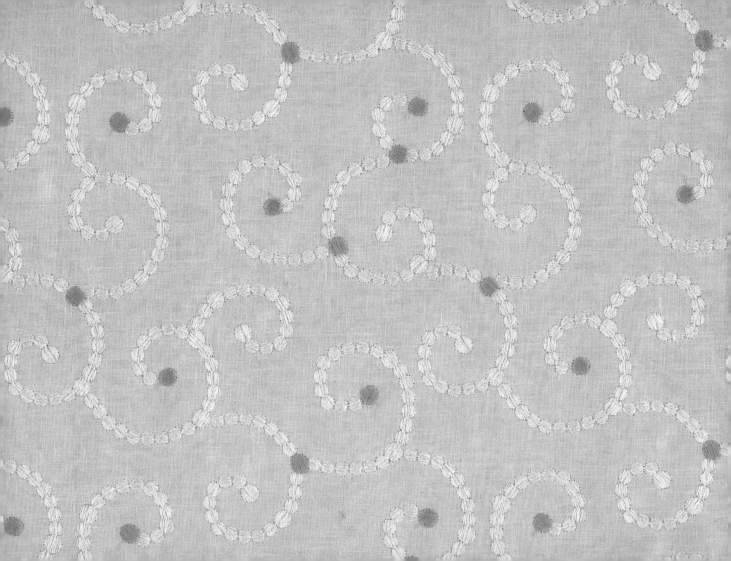

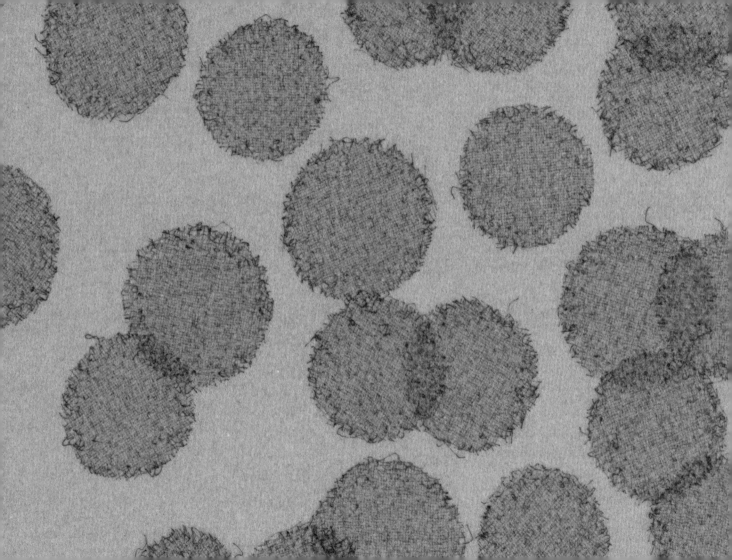

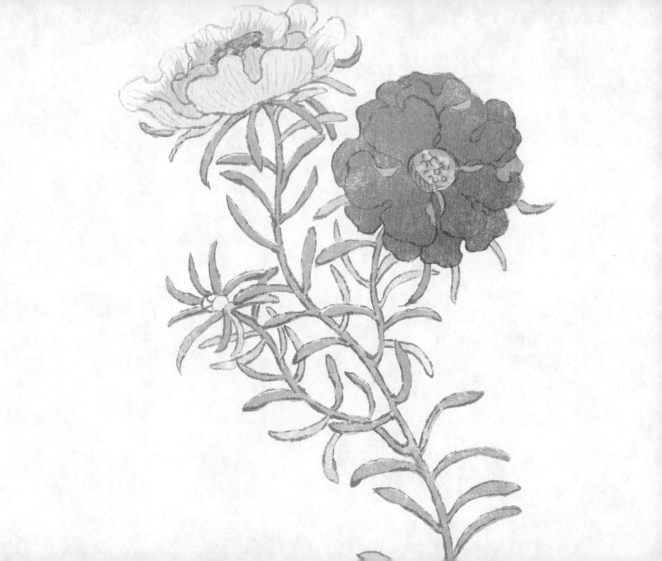

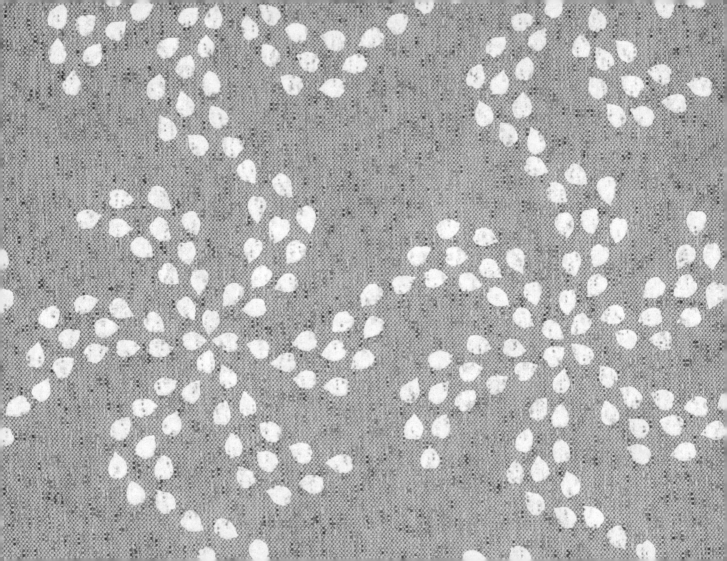

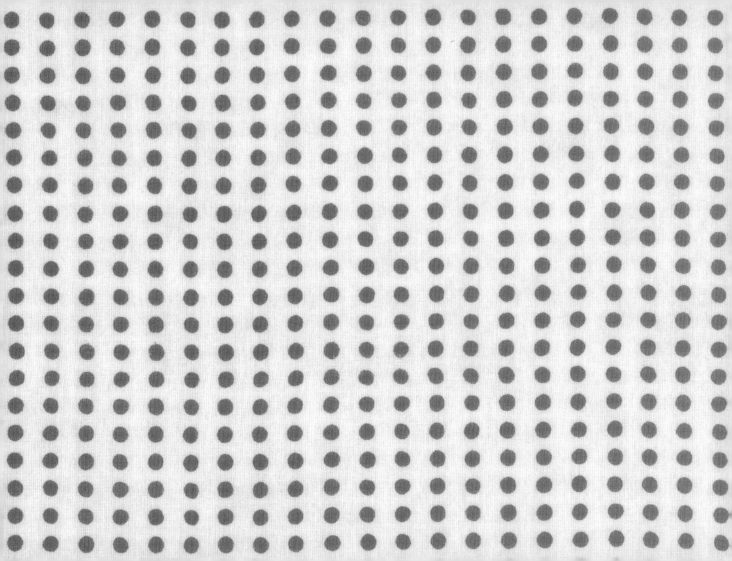

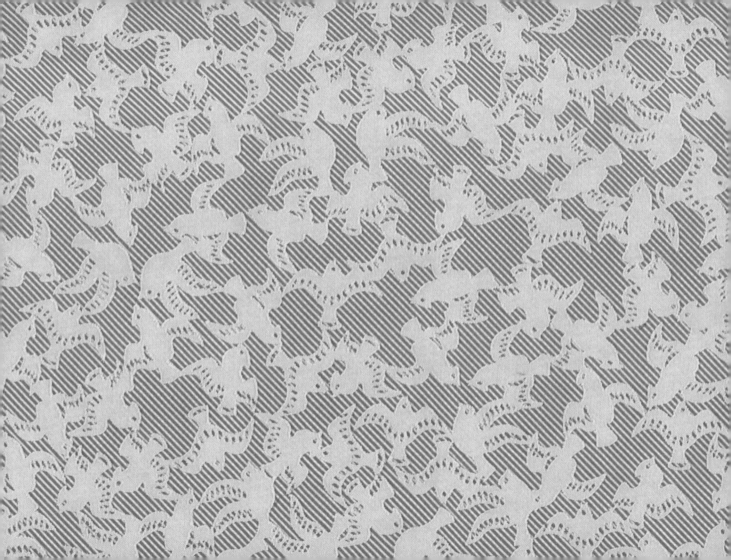

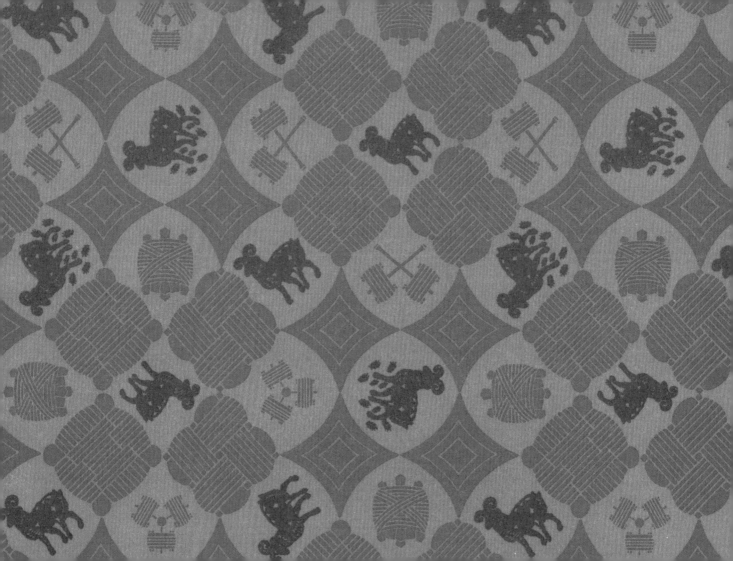

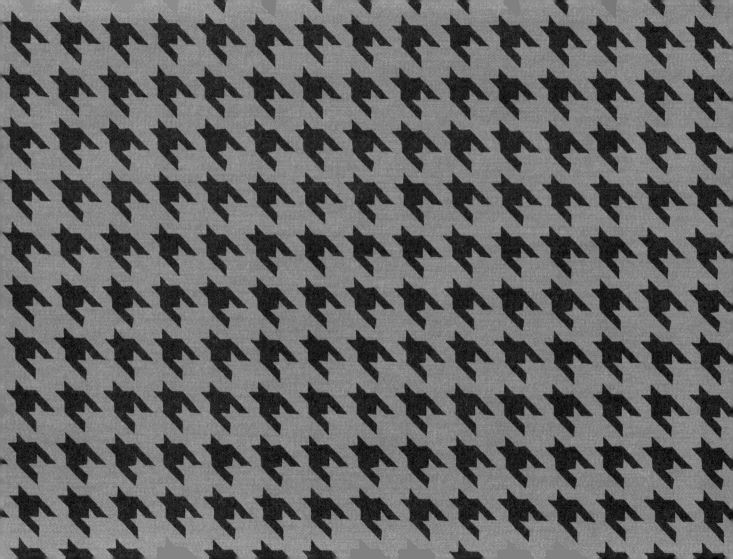

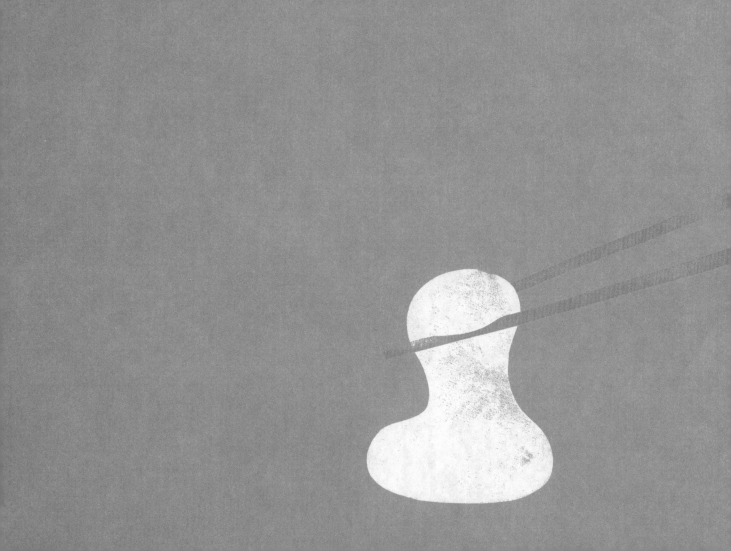

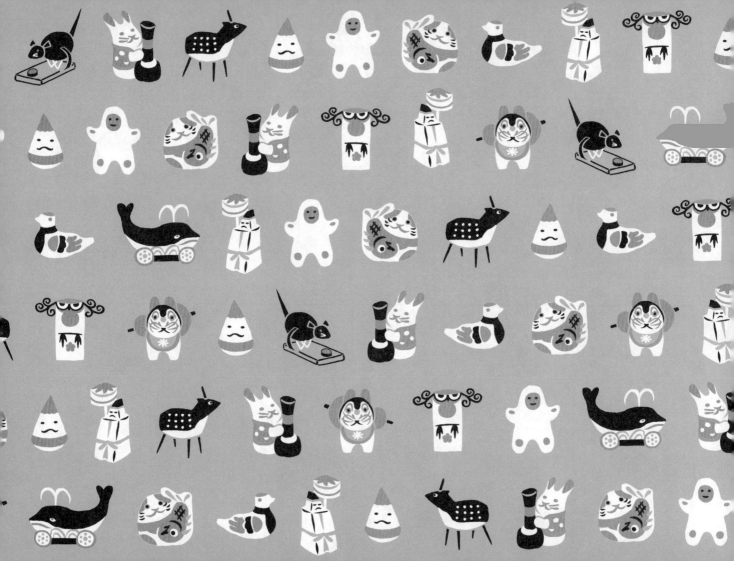

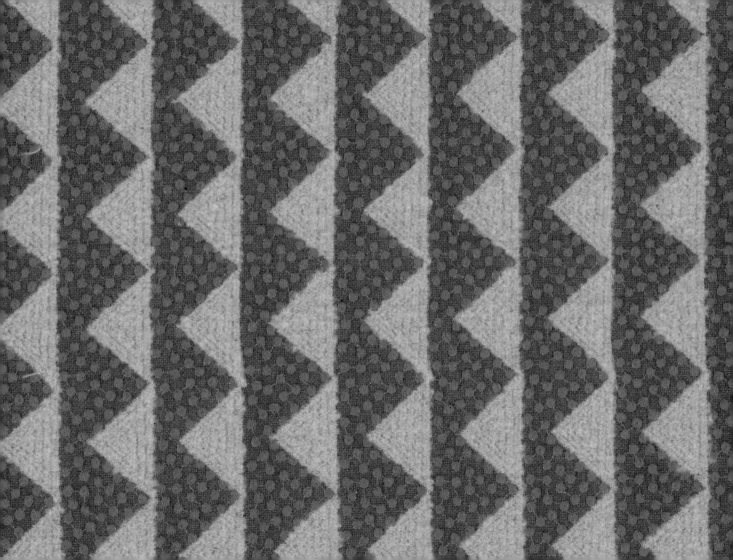

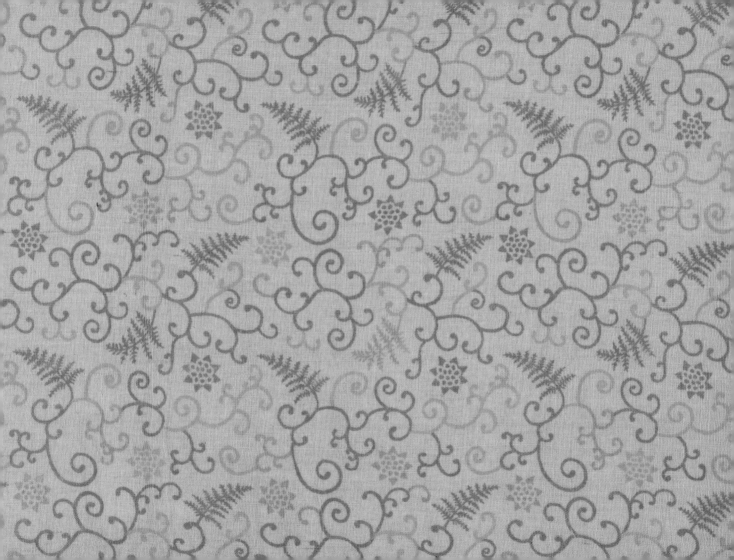

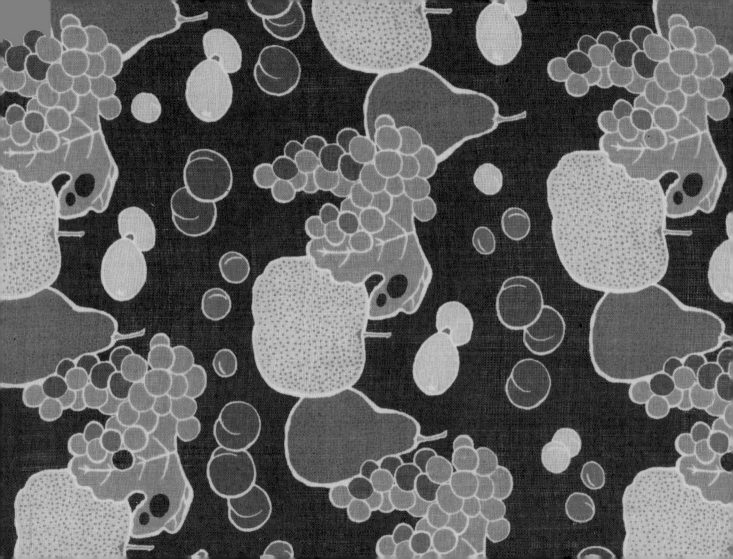

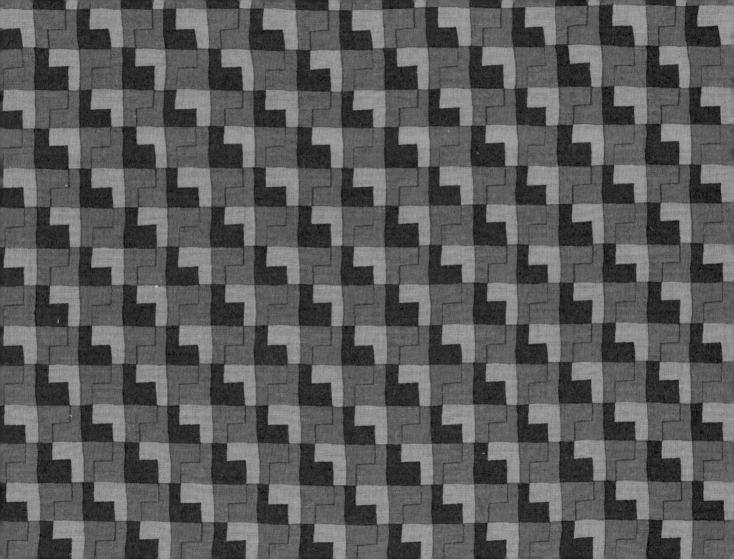

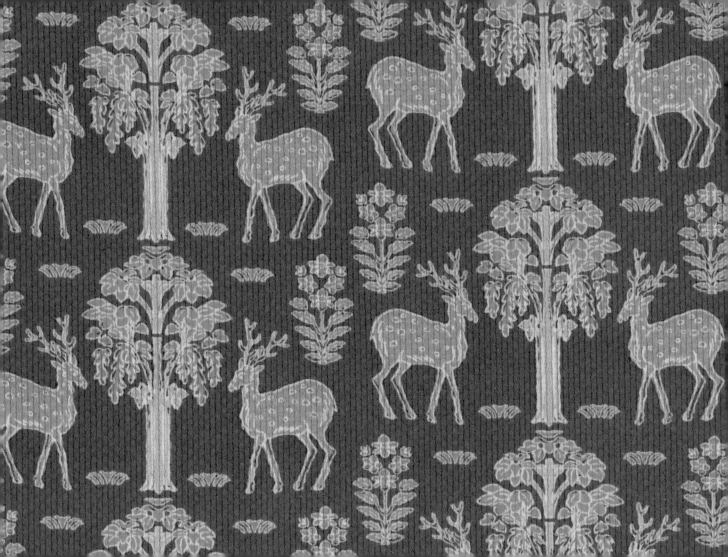